DONDE NUNCA SABREMOS

Sacramento Espinosa Calero

COLECCIÓN ITES

DONDE NUNCA SABREMOS

ISBN: 978-84-10053-56-4
Depósito legal: V-2828-2024
Impreso en España

KALOSINI, S. L.
Grupo editorial olélibros
equipo@olelibros.com
www.olelibros.com

A Noa, luz de mis ojos

Às vezes oiço morrer o silêncio.

EUGENIO DE ANDRADE

Qué gran gozo sentirme
yo mismo esa palabra que va ardiendo.

ANTONIO COLINAS

PRÓLOGO

Un eco

Mis poemas son brotes del silencio.
De él esperan la palabra cierta
que me haga sentir vivo,
un eco de pureza
que toque, con el alma,
el filo de mi cuerpo.

I.
EN LA MAÑANA

SIGNO DE LUZ

A Jesús Barrajón y María Rubio

Al pie de la ventana,
que tirita de frío todavía,
alcanzo a oír el trino de algún pájaro,
admirablemente cierto,
en la sombra de un árbol de la calle.
Así, sumido en un respiro lento,
contemplo el interior de un cuerpo vivo,
pero ausente en su forma.
La catedral, que admiro desde lejos,
está teñida en calma,
y su insomne reloj hambriento de horas
parece abrir su vientre
al cielo que lo mira.
El alma se me puebla,
la vida me responde y ahora advierto
que no soy yo quien respira:
es este gorrioncillo cotidiano
que siente que la sombra
abre paso a la luz.

ESCRITURA

Ser libre es decidir lo que decimos.

En el parque de un sábado cualquiera
donde trota la lluvia;
sobre el monte, que agita la distancia
con la plaza del pueblo;
en la calle con sol en las aceras
donde ríen las niñas;
bajo el cielo de abril de algún domingo
que avanza hacia otros grises;
en mi casa, que observa en su descuido
todo aquello que callo;
por las salas de libros y secretos
de alguna biblioteca;
en el sobrio jardín donde un amigo
tiende ropas y sábanas;
ante un viejo semáforo sin luces
que espera que crucemos...

En lugares y tiempos tan dispares
del poliedro del mundo,
y hasta en el sueño herido donde entiendo
que todo ha de pasar,
tú, poema,
misterio indefinido,
tú siempre me haces libre.

ESTE TRAYECTO

A José García

Ha llegado el momento
de la nostalgia.

ÁNGEL GONZÁLEZ

Rendido a un nuevo día,
dispuesto a recorrer este trayecto
de camino a las aulas,
escucho a Ludovico.
Son gotas de una lluvia que no cesa
en las calles sonoras del piano.
Es agua amontonada en la armonía
que habita las aceras de las notas.
Yo callo. No interrumpo
este son que la paz del cielo envía.
A lo lejos, ya lejos de mi casa,
recuerdo a un viejo amigo,
sus dedos de discípulo de Einaudi,
y los ojos se agrietan de no verlo
andando aquí conmigo.
De pronto, ya no llueve:
el cielo se despeja en estos cascos
y empapado de música y nostalgia,
observo a los alumnos en la clase.

En el aula

Lucía, frente a un texto;
el resto está en los bancos del recreo
hablando de sus cosas.
Lucía hace un examen sin saber
el examen de vida que le queda.
Alumnos de la vida,
nuestras hojas dejamos en su mesa,
escritas con la letra que derrama,
con la pluma del aire,
la resina del tiempo.

I

A Javier García

Tras contemplar *El jilguero*, de Carel Fabritius

*

Has dejado en el alma
la luz que brota
del filo de tu pluma.

*

¡Oh, jilguerillo bueno,
quién te sintiera
en la muerte, en la muerte!

Lectura

A Mario Figueroa, amigo librero

El mayor de todos los misterios es el hombre.

Sócrates

Esta hoja de papel en mi escritorio
no deja que la lea.
La luz de su silencio, tan oscura,
alumbra este misterio de mí mismo,
pero nunca yo a ella.
Si no puedo leer poema alguno,
si es él quien, encubierto,
me asombra, me ilumina,
¿por qué no seré yo los versos puros
de un Dios que fuese guía
de todo cuanto escribe,
de todo lo que un día
fue voz y pensamiento,
fue silencio y palabra?

ESTE ASOMBRO

La mirada, este asombro que del alma
se desprende y se afirma y nos ofrece
la voz más primitiva,
que fue siempre el silencio,
dibuja el pensamiento de los hombres
al tendido del mundo.
La mirada nos brinda su memoria,
las manchas florecidas de su rostro,
que ni olvida ni finge,
que ni miente ni huye.
La mirada, entre el alma y la razón,
deja abierta la puerta de la duda:
nos hace ver, sencilla,
que somos tan efímeros, o eternos,
como el fuego en la roca,
como el viento en la rama,
y que todo ha de ser, a nuestros ojos,
el misterio que habita
donde nunca sabremos.

II.
EN LA TARDE

Nuestro ser conjunto

A Noa

«Los pájaros recuerdan el buen tiempo».
Esas fueron tus palabras
al borde de las cinco,
cuando el bullicio alegre de unos niños
era un viento de luz
que solo la inocencia nos regala.
Estábamos los dos,
sentados en la sombra de algún parque
que recuerdo todavía.
Los pájaros, que ocultan su trinar
bajo las ramas que la tarde entrega,
sumían su destino
en el fondo de nuestro ser conjunto.
Ya sabes: siempre aciertan
los días en el alma,
porque aunque duela y pese
tantas veces la vida,
los pájaros nos cantan.

II

*

¿Quién sostiene esta voz
que, entre las voces,
no es voz y no es silencio?

*

Dos golondrinas huyen,
surcando el aire,
y no sabemos dónde.

LA BELLEZA

A Alejandro Megía

*Y la belleza
honda se ofrece ante su muerte,
con sólo el fin de darle un pensamiento.*

FRANCISCO BRINES

La voz de un pasajero que comenta
las noticias del día;
el hombre, ya maltrecho en la jornada,
que nos tiende la mano;
las tejas donde crecen margaritas
de la mugre y el polvo;
el joven vendaval en los cristales
que agradecen su aliento;
la débil mansedumbre de las ramas,
que son brazos de espera;
el velo de la niebla que desciende
sobre un hilo de lluvia;
el vaso de agua fría junto a un libro
que comparte su mesa;
la luna maternal que abre sus pechos
al delirio del mundo...

La belleza nos cede su mirada,
su pálpito de luz, que nos conmueve.
La belleza rebusca en nuestros ojos
el tacto inusitado del recuerdo:
un tacto que se olvide, por segundos,
de todo compromiso,

que sostenga el suspiro que la vida
de vez en cuando niega,
y así alzar la bandera donde el tiempo
es pura sensación de lo sentido.

Las huellas de tu paso

A mi perro Coco

¿Cómo puedo decirte, amigo mío,
que ya no eres tan joven,
que llevas en tus pasos la fatiga
del tiempo y del camino?
Me miras preguntándome hasta cuándo,
hasta cuándo el paseo de las tardes,
el patio donde duermes las mañanas,
el cuenco que te espera por las noches.
Me miras y no sé qué responderte,
porque apenas comprendo los andares
de tu sombra y la mía,
porque nada es sencillo de explicarte
si no es con la bondad de nuestros hechos.
Me miras y parece que miraras
a un Dios que te acompañe,
que guíe con sus manos nuevas rutas
sin cuidado y sin horas,
al aire de una vida que trajese
distancias infinitas...

¿Cómo puedo decirte, amigo mío,
que la unión se termina,
que la tierra es pequeña, muy pequeña,
cuando el amor es grande,
que tal vez nuestras huellas se deformen
en la firme cuneta del camino?
Si encuentras un Pastor con su ganado
que quiera cobijarte,

que ponga en su sillón tu cuerpo alegre
cuando ansíes subirte,
no te importe mi ausencia,
no la sientas allí donde él te lleve,
no ladres al cartero que no tenga
mensajes del recuerdo de que fuimos,
y corre por los campos,
y salta los pedruscos y los setos,
y huele los hierbajos de los montes
que manchen tus hocicos inocentes.
Y si acaso no hay sitio donde seas
ya nada, amigo mío,
recoge tu silencio con templanza,
entiérralo en un árbol de la calle
y abónalo despacio,
a ver si brota y crece y trae consigo
la paz que tu mirada
refleja en cada gesto.

¿Saldrá la antigua aurora con un paño
a secar los cristales de la lluvia?
¿Vendrá tan renovada como siempre,
tan pura, tan sincera?
Esta tarde saldremos de paseo,
saludarás al perro del vecino,
y en medio del jardín donde te tumbas,
te haré la última foto,
guardaré tu memoria en la cartera
y vendremos a casa,
dichosos de estar vivos.

JUNTO A UN ÁRBOL SOMBRÍO

Escuchar esta música
y alcanzar a tocarla
[...].
Y verla: oírla
es verla.

JOSÉ CORREDOR-MATHEOS

Una lágrima cae sobre las cuerdas
(La guitarra no finge nunca un duelo).
Una lágrima eterna,
un suspiro del alma que se enfría
y brota del espejo de los ojos.
Es Francisco de Tárrega quien llora
la tristísima pena de la vida,
la clásica pregunta que los hombres
no alcanzan a dar forma de respuesta.
Es Francisco de Tárrega,
con las manos heridas y profundas
junto a un árbol sombrío,
con sus lentes pulidas y su capa,
melancólico y solo.
Lo veo levantarse y afligirse,
marcharse por lo lejos del camino;
es Francisco de Tárrega, nostálgico,
de regreso a su casa...
La lágrima ha caído ya en el suelo
y en silencio ha quedado su guitarra.

SUFICIENTE

Como el pájaro al pasto;
como el lobo a la cueva de sus crías
después de tantas vueltas;
como el humo a las nubes;
como el tiempo a la tarde, que lo espera
sentada en una silla;
como el perro a la mano;
como el canto que rueda hasta la fuente
por ver la lluvia en calma;
como el sol a la esquina;
como el fruto a la tierra que lo siente
gritar por sus raíces;
como el aire al redil, a las cabañas,
a las prendas tendidas...

¿Qué tiene la mirada de las cosas,
que alumbra otras veredas, otras rutas,
y entrelazan sus dedos?
¿Tal vez está tejida de memoria?
¿Recuerda en el amor toda una vida?
Como esa paz que brota de sus cuerpos
y descansa en el mundo,
así también el verbo
se acerca hasta mi boca,
así también la duda
se posa en mis ideas,
y así también comprendo
que habito la penumbra,
que amar es suficiente
y el hombre, aún, lo olvida...

Al fin

El ocaso desgrana su pupila,
semilla de la noche,
y horada mansamente la tiniebla
que viene a visitarnos.
El aire, que renueva nuestro mundo,
no quiebra los geranios,
y a lo lejos, un perro corretea,
se para, de repente,
y curioso me mira.
Las hojas merodean sin cuidado
en la acera de enfrente,
avanzan lentamente hacia la hierba
y dejo de escribir.

Porque, al fin, mi escritura quedará
bajo el ciprés del parque,
y yo, que le di forma, seré forma
de otros parques lejanos,
ramaje de otros huertos,
abono para bestias
que ignoren cuanto quise
o absoluta verdad
de un alma que recuerde
que un día, alguna tarde,
gocé de este concierto.

III.
EN LA NOCHE

La sombra de los días

A Noa

La esencia de la enfermedad es tan oscura como la de la vida.

Novalis

Tendida en la terraza,
tu llanto se derrama en tu mejilla
y rueda por tu pecho.
¿Qué ves en las estrellas,
que titilan tus párpados floridos,
soñando lejanías?
Este dolor se viste de consuelo
cuando siento, de pronto,
que el cielo te ha dejado ante sus ojos
para ver, con los tuyos,
la sombra de los días.

A VECES

La noche, a veces,
se tumba en el regazo de mis manos,
como pájaro herido.

No sé qué le atormenta,
que se viene conmigo.

La noche, a veces,
al reposo del mundo, entre mis manos,
también pide un abrigo.

III

*

Hoy he sentido
que la esperanza late
como la muerte.

*

El paisaje no crece.
Después de todo,
flores sobre la piedra.

La tumba del te quiero

A mi madre, que tanto calla y sueña

Sencilla, taciturna siempre, buena.
Tan pobre como yo, trabajadora
como el ave que pena sobre el vuelo
de la tarde por dar vida a sus crías.
Así es mi madre, la que duerme ahora
en el silencio de las nueve. Pronto,
pronto regresará la aurora firme
con su séquito azul que la despida,
que rompa con su ejército estos sueños
de anónimas conciencias. Madre, nunca
he puesto el corazón sobre mi puño
para entregarlo a tu cuidado, y quiero
que sepas que navego sobre el tuyo
para ver la virtud que al mundo falta.
Perro crucificado y con cien tiros
tu vida muchas veces, madre, madre
que tientas claridades al tendido
de la noche, del tiempo que no espera
suicidarse en la acera de los pinos.
Ya ves: tú duermes en la noble cama
del salón y yo agito tu mirada
contra el viento. ¿Recuerdas aquel niño
que corría con alma de jilguero,
persiguiendo un destino que tocara
la luna con el borde de los dedos?
No sé si lo recuerdas, porque siempre
has vivido a la sombra de tu boca,

rellano de tus días donde plantas
el árbol del silencio. Madre, siento
el arco de tu cuerpo fatigado,
marchito como el galgo de la rosa
que habita con la espina de su vientre
cien carreras de polvo, lluvia y tierra.
Descansa del abismo de la vida
por un rato aunque sea, y aunque sea
un momento de tigres masacrados
que serpean su costra de felinos
sobre un rayo partido en la vereda
de otro mundo. Aun así, descansa, madre,
de este infierno que a veces es un día,
de este lento pasar de nuestras almas
que suenan en la tumba del te quiero.

El dolor

Abrazar el dolor,
sentirlo como parte de la vida
para seguir viviendo.
Abrazarlo y sentirlo,
tenerlo tan presente que la dicha
ponga un cubierto más.

Unas velas

Ahora que descansa nuestro mundo
del acecho del día
y la luna recoge los aromas
del ganado y los mares,
de los niños que arrancan tiernas flores
y se manchan las manos,
de oscuras chimeneas y comercios,
de remotos caminos,
recuerdo las palabras que mi abuela
me dijo hace algún tiempo:
«He encendido unas velas al Señor
para que los trabajos se te cumplan».
En la umbría del cuarto que me habita,
tiento apenas un lápiz y unos libros,
una mesa, una silla
y el cuadro de un amigo que no vuelve.
Pero ahora no tengo vela alguna
que alumbre la mirada,
que pese cuando el sueño se abra paso
por el cuarto y la casa,
ahora que descansa nuestro mundo
del acecho del día
y la luna recoge los aromas
de la triste, ¡y qué sola!,
de la triste esperanza que se pierde...

Luciérnaga del alma

Llegarás entre sombra y luz herida,
segura de que todo lo que amé
fue espejo de una carne pasajera
que a ti te pertenece...
De tu mano tendré la incertidumbre
marchita entre los dedos,
y tu negra cintura delincuente
abrirá los caminos de mi cuerpo
para verse vencido...

Llegarás y seremos los amantes
que la noche buscaba,
porque el hombre es muy débil y tú sabes
que a ti nos entregamos con la vida,
que no es poco decir:
mis recuerdos, mis lágrimas, mi paso
por las sendas de un día que se marcha...
No hay duda: moriré,
con el alma encendida por si acaso,
hacia otra realidad que tú me guardes,
hacia otra casa inhóspita, otra cama,
o hacia el polvo de un tétrico rincón,
al aire de tu vuelo sin demora
que palpe con su aliento la fatiga
de mi breve existencia...

Luciérnaga del alma mía, muerte
ocultada en la cima
del tiempo que dejamos para siempre...
Muerte, muerte que llevo sobre el alma,
porque el alma se agota de vivir
tanta esperanza...
No me inquieta tu encuentro,
y no me importa ya tu abrazo fuerte,
amada dolorosa,
pues sé que no me dejarás jamás
ausente,
que siempre vivirás
del eterno racimo de mi ausencia...

EPÍLOGO

Si yo pudiera

Si yo pudiera ser, una mañana,
ausencia de mí mismo,
hablaría con Alguien que me diera
una sola creencia,
una muda palabra.
Si yo pudiera ser, una mañana,
una muda creencia,
una sola palabra,
tendría para siempre conquistado
el don de ser yo mismo
entre toda mi ausencia.

ÍNDICE